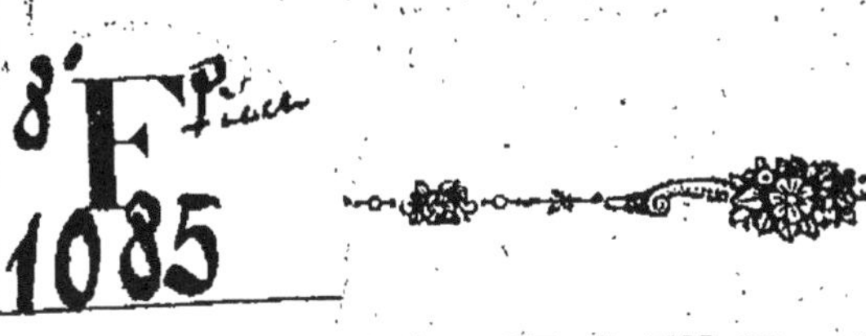

QUESTIONS NOTABLES

DE CHASSE

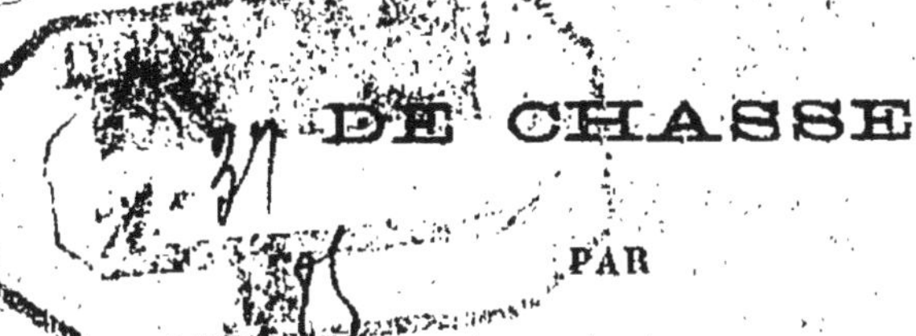

PAR

H. GOEURY

Ancien Avocat Stagiaire et ancien Avoué

Suum cuique tribuere.
(Inst. L. I, Tit. 1, § 3)

En vente chez M. HÉLARY et chez Mlle TANGUY, Libraires
à Guingamp.

GUINGAMP

Imprimerie LE GOFFIC. — 1885.

QUESTIONS NOTABLES

DE CHASSE

PAR

M. GOEURY

Suum cuique tribuere.
(Instit. Liv. I, Tit.I, § 3.)

En vente chez M. HÉLARY et chez Mlle TANGUY, Libraires
à Guingamp.

GUINGAMP
Imprimerie LE GOFFIC. — 1885.

A MES BRAVES COMPAGNONS

EN St HUBERT

LOI SUR LA CHASSE

Section Première

De l'exercice du droit de chasse

Article 1er. — Nul ne pourra chasser, sauf les exceptions ci-après : si la chasse n'est pas ouverte, et s'il ne lui a pas été délivré un permis de chasse par l'autorité compétente.

Nul n'aura la faculté de chasser sur la propriété d'autrui sans le consentement du propriétaire ou de ses ayants droit.

Art. 2. — Le propriétaire ou possesseur peut chasser ou faire chasser en tout temps, sans permis de chasse, dans ses possessions attenant à une habitation et entourées d'une clôture continue faisant obstacle à toute communication avec les héritages voisins.

Art. 3. — Les préfets détermineront, par des arrêtés publiés, au moins dix jours à l'avance, l'époque de l'ouverture et de la clôture de la chasse dans chaque département.

Art. 4. — Dans chaque département, il est interdit de mettre en vente, de vendre, d'acheter, de transporter et de colporter du gibier pendant le temps où la chasse n'y est pas permise.

En cas d'infraction à cette disposition, le gibier sera saisi, et immédiatement livré à l'établissement de bienfaisance le plus voisin, en vertu soit d'une ordonnance du juge de paix, si la saisie a eu lieu au chef-lieu du canton, soit d'une autorisation du maire, si le juge de paix est absent, ou si la saisie a été faite dans une commune autre que celle du chef-lieu. Cette ordonnance ou cette autorisation sera délivrée sur la requête des agents ou gardes qui auront opéré la saisie, et sur la présentation du procès-verbal régulièrement dressé.

La recherche du gibier ne pourra être faite à domicile que chez les aubergistes, chez les marchands de comestibles et dans les lieux ouverts au public.

Il est interdit de prendre ou de détruire, sur

le terrain d'autrui, des œufs et des couvées de faisans, de perdrix et de cailles.

ART. 5. — Les permis de chasse seront délivrés, sur l'avis du maire et du sous-préfet, par le préfet du département dans lequel celui qui en fera la demande aura sa résidence ou son domicile.

La délivrance des permis de chasse donnera lieu au payement d'un droit de quinze francs (15 fr.) au profit de l'Etat, et de dix francs (10 fr.) au profit de la commune dont le maire aura donné l'avis énoncé au paragraphe précédent.

Les permis de chasse seront personnels ; ils seront valables pour tout le royaume, et pour un an seulement.

ART. 6. — Le préfet pourra refuser le permis de chasse :

1° A tout individu majeur qui ne sera point personnellement inscrit, ou dont le père ou la mère ne serait pas inscrit au rôle des contributions ;

2° A tout individu qui, par une condamnation judiciaire, a été privé de l'un ou de plusieurs des droits énumérés dans l'art. 42 du Code pénal, autres que le droit de port d'armes ;

3° A tout condamné à un emprisonnement de plus de six mois pour rébellion ou violence envers les agents de l'autorité publique ;

4° A tout condamné pour délit d'association illicite, de fabrication, débit, distribution de poudre, armes, ou autres munitions de guerre ; pour menaces écrites ou menaces verbales, avec ordre ou sous condition ; pour entraves à la circulation des grains, dévastations d'arbres ou de récoltes sur pied, de plants venus naturellement ou faits de main d'homme ;

5° A ceux qui auront été condamnés pour vagabondage, mendicité, vol, escroquerie ou abus de confiance.

La faculté de refuser le permis de chasse aux condamnés dont il est question dans les paragraphes 3, 4 et 5, cessera cinq ans après l'expiration de la peine.

ART. 7. — Le permis de chasse ne sera pas délivré :

1° Aux mineurs qui n'auront pas seize ans accomplis ;

2° Aux mineurs de seize à vingt et un ans, à moins que le permis ne soit demandé pour eux par leur père, mère, tuteur ou curateur, porté au rôle des contributions ;

3º Aux interdits ;

4º Aux gardes champêtres ou forestiers des communes et établissements publics, ainsi qu'aux gardes forestiers de l'Etat et aux gardes-pêche.

ART. 8. — Le permis de chasse ne sera pas accordé :

1º A ceux qui, par suite de condamnations, sont privés du droit de port d'armes ;

2º A ceux qui n'auront pas exécuté les condamnations prononcées contre eux pour l'un des délits prévus par la présente loi ;

3º A tout condamné placé sous la surveillance de la haute police.

ART. 9. — Dans le temps où la chasse est ouverte, le permis donne, à celui qui l'a obtenu, le droit de chasser de jour, à tir et à courre, sur ses propres terres et sur les terres d'autrui, avec le consentement de celui à qui le droit de chasse appartient.

Tous autres moyens de chasse, à l'exception des furets et des bourses destinées à prendre le lapin, sont formellement prohibés.

Néanmoins, les préfets des départements, sur l'avis des conseils généraux, prendront des arrêtés pour déterminer :

1º L'époque de la chasse des oiseaux de passage, autres que la caille, et des modes et procédés de cette chasse ;

2º Le temps pendant lequel il sera permis de chasser le gibier d'eau, dans les marais, sur les étangs, fleuves et rivières ;

3º Les espèces d'animaux malfaisants ou nuisibles, que le propriétaire, possesseur ou fermier pourra en tout temps détruire sur ses terres, et les conditions de l'exercice de ce droit, sans préjudice du droit appartenant au propriétaire ou au fermier de repousser ou de détruire, même avec des armes à feu, les bêtes fauves qui porteraient dommage à ses propriétés.

Ils pourront prendre également des arrêtés :

1º Pour prévenir la destruction des oiseaux ;

2º Pour autoriser l'emploi des chiens lévriers pour la destruction des animaux malfaisants ou nuisibles ;

3º Pour interdire la chasse pendant les temps de neige.

ART. 10. — Des ordonnances royales détermineront la gratification qui sera accordée aux gardes et gendarmes rédacteurs des procès-verbaux ayant pour objet de constater les délits.

SECTION II

Des peines

ART. 11. — Seront punis d'une amende de seize à cent francs :

1º Ceux qui auront chassé sans permis de chasse ;

2º Ceux qui auront chassé sur le terrain d'autrui sans le consentement du propriétaire.

L'amende pourra être portée au double si le délit a été commis sur des terres non dépouillées de leurs fruits, ou s'il a été commis sur un terrain entouré d'une clôture continue, faisant obstacle à toute communication avec les héritages voisins, mais non attenant à une habitation.

Pourra ne pas être considéré comme délit de chasse le fait du passage des chiens courants sur l'héritage d'autrui, lorsque ces chiens seront à la suite d'un gibier lancé sur la propriété de leurs maîtres, sauf l'action civile, s'il y a lieu en cas de dommage ;

3º Ceux qui auront contrevenu aux arrêtés des préfets concernant les oiseaux de passage, le gibier d'eau, la chasse en temps de neige, l'emploi des chiens lévriers, ou aux arrêtés concernant la destruction des oiseaux et celle des animaux nuisibles ou malfaisants.

4° Ceux qui auront pris ou détruit, sur le terrain d'autrui, des œufs ou couvées de faisans, de perdrix ou de cailles ;

5° Les fermiers de la chasse, soit dans les bois soumis au régime forestier, soit sur les propriétés dont la chasse est louée au profit des communes ou établissements publics, qui auront contrevenu aux clauses et conditions de leurs cahiers de charges relatives à la chasse.

ART. 12. — Seront punis d'une amende de cinquante à deux cents francs, et pourront en outre l'être d'un emprisonnement de six jours à deux mois :

1° Ceux qui auront chassé en temps prohibé ;

2° Ceux qui auront chassé pendant la nuit, ou à l'aide d'engins et d'instruments prohibés, ou par d'autres moyens que ceux qui sont autorisés par l'art. 9 ;

3° Ceux qui seront détenteurs ou ceux qui seront trouvés munis ou porteurs, hors de leur domicile, de filets, engins ou autres instruments de chasse prohibés ;

4° Ceux qui, en temps où la chasse est prohibée, auront mis en vente, vendu, acheté, transporté ou colporté du gibier ;

5° Ceux qui auront employé des drogues ou

appâts qui sont de nature à enivrer le gibier ou à le détruire ;

6° Ceux qui auront chassé avec appeaux, appelants ou chanterelles.

Les peines déterminées par le présent article pourront être portées au double contre ceux qui auront chassé pendant la nuit sur le terrain d'autrui, et par l'un des moyens spécifiés au paragraphe 2, si les chasseurs étaient munis d'une arme apparente ou cachée.

Les peines déterminées par l'art. 11 et par le présent article seront toujours portées au maximum, lorsque les délits auront été commis par les gardes champêtres ou forestiers des communes, ainsi que par les gardes forestiers de l'Etat et des établissements publics.

ART. 13. — Celui qui aura chassé sur le terrain d'autrui sans son consentement, si ce terrain est attenant à une maison habitée ou servant à l'habitation, et s'il est entouré d'une clôture continue faisant obstacle à toute communication avec les héritages voisins, sera puni d'une amende de cinquante à trois cents francs et pourra l'être d'un emprisonnement de six jours à trois mois.

Si le délit a été commis pendant la nuit, le

délinquant sera puni d'une amende de cent francs à mille francs, et pourra l'être d'un emprisonnement de trois mois à deux ans, sans préjudice, dans l'un ou l'autre cas, s'il y a lieu, de plus fortes peines prononcées par le Code pénal.

ART. 14. — Les peines déterminées par les trois articles qui précèdent pourront être portées au double, si le délinquant était en état de récidive, s'il était déguisé ou masqué, s'il a pris un faux nom, s'il a usé de violence envers les personnes, ou s'il a fait des menaces, sans préjudice, s'il y a lieu, de plus fortes peines prononcées par la loi.

Lorsqu'il y aura récidive, dans les cas prévus par l'art. 11, la peine de l'emprisonnement de six jours à trois mois pourra être appliquée, si le délinquant n'a pas satisfait aux condamnations précédentes.

ART. 15. — Il y a récidive lorsque, dans les douze mois qui ont précédé l'infraction, le délinquant a été condamné en vertu de la présente loi.

ART. 16. — Tout jugement de condamnation prononcera la confiscation des filets, engins et autres instruments de chasse; il ordonnera en outre, la destruction des instruments de chasse prohibés.

Il prononcera également la confiscation des armes, excepté dans le cas où le délit aura été commis par un individu muni d'un permis de chasse dans le temps où la chasse est autorisée.

Si les armes, filets, engins ou autres instruments de chasse n'ont pas été saisis, le délinquant sera condamné à les représenter ou à en payer la valeur, suivant la fixation qui en sera faite par le jugement, sans qu'elle puisse être au-dessous de cinquante francs.

Les armes, engins ou autres instruments de chasse, abandonnés par les délinquants restés inconnus, seront saisis et déposés au greffe du tribunal compétent. La confiscation, et, s'il y a lieu, la destruction en seront ordonnées sur le vu du procès-verbal.

Dans tous les cas, la quotité des dommages-intérêts est laissée à l'appréciation des tribunaux.

ART. 17. — En cas de conviction de plusieurs délits prévus par la présente loi, par le Code pénal ordinaire ou par les lois spéciales, la peine la plus forte sera seule prononcée.

Les peines encourues pour des faits postérieurs à la déclaration du procès-verbal de contravention pourront être cumulées, s'il y a lieu, sans préjudice des peines de la récidive.

Art. 18. — En cas de condamnation pour délits prévus par la présente loi, les tribunaux pourront priver le délinquant du droit d'obtenir un permis de chasse, pour un temps qui n'excédera pas cinq ans.

Art. 19. — La gratification mentionnée en l'art. 10 sera prélevée sur le produit des amendes.

Le surplus desdites amendes sera attribué aux communes sur le territoire desquelles les infractions auront été commises.

Art. 20. — L'art. 463 du Code pénal ne sera pas applicable aux délits prévus par la présente loi.

Section III

De la poursuite et du jugement.

Art. 21. — Les délits prévus par la présente loi seront prouvés, soit par procès-verbaux ou rapports, soit par témoins, à défaut de rapports et procès-verbaux, ou à leur appui.

Art. 22. — Les procès-verbaux des maires

et adjoints, commissaires de police, officier, maréchal des logis ou brigadier de gendarmerie, gendarmes, gardes forestiers, gardes-pêche, gardes champêtres ou gardes assermentés des particuliers, feront foi jusqu'à preuve contraire.

ART. 23. — Les procès-verbaux des employés des contributions indirectes et des octrois feront également foi jusqu'à preuve contraire, lorsque, dans la limite de leurs attributions respectives, ces agents rechercheront et constateront les délits prévus par le paragraphe premier de l'art. 4.

ART. 24. — Dans les vingt-quatre heures du délit, les procès-verbaux des gardes seront, à peine de nullité, affirmés par les rédacteurs devant le juge de paix ou l'un de ses suppléants, ou devant le maire et l'adjoint, soit de la commune de leur résidence, soit de celle où le délit aura été commis.

ART. 25. — Les délinquants ne pourront être saisis ni désarmés ; néanmoins, s'il sont déguisés ou masqués, s'ils refusent de faire connaître leurs noms, ou s'il n'ont pas de domicile connu, il seront conduits immédiatement devant le maire ou le juge de paix, lequel s'assurera de leur individualité.

ART. 26. — Tous les délits prévus par la

présente loi seront poursuivis d'office par le ministère public, sans préjudice du droit conféré aux parties lésées par l'art. 182 du Code d'instruction criminelle.

Néanmoins, dans le cas de chasse sur le terrain d'autrui sans le consentement du propriétaire, la poursuite d'office ne pourra être exercée par le ministère public, sans une plainte de la partie intéressée, qu'autant que le délit aura été commis dans un terrain clos, suivant les termes de l'art. 2, et attenant à une habitation, ou sur des terres non encore dépouillées de leurs fruits.

Art. 27. — Ceux qui auront commis conjointement les délits de chasse seront condamnés solidairement aux amendes, dommages-intérêts et frais.

Art. 28. — Le père, la mère, le tuteur, les maîtres et commettants sont civilement responsables des délits de chasse commis par leurs enfants mineurs, non mariés, pupilles demeurant avec eux, domestiques ou préposés, sauf tout recours de droit.

Cette responsabilité sera réglée conformément à l'art. 1384 du Code civil, et ne s'appliquera qu'aux dommages-intérêts et frais, sans pouvoir toutefois donner lieu à la contrainte par corps.

ART. 29. — Toute action relative aux délits prévus par la présente loi sera prescrit par le laps de trois mois, à compter du jour du délit.

SECTION IV.

Dispositions générales

ART. 30. — Les dispositions de la présente loi relatives à l'exercice du droit de chasse ne sont pas applicables aux propriétés de la couronne ; ceux qui commettraient des délits de chasse dans ces propriétés seront poursuivis et punis conformément aux sections II et III.

ART. 31. — Le décret du 4 mai 1812 et la loi du 30 avril 1790 sont abrogés.

Sont et demeurant également abrogés les lois, arrêtés, décrets et ordonnances intervenus sur les matières réglées par la présente loi, en tout ce qui est contraire à ces dispositions.

Donné au palais des Tuileries, le 3e jour de mai 1844.

LOUIS-PHILIPPE Ier

Droit de Chasse.

1. Ce droit est-il de droit naturel ou de droit civil ?

Il est de droit naturel. Instit. Liv. 2, T. 1, § 12, 5, 1 (*L. 3 D. de acquir. rer. dom.*) ; DUPINEAU, sur l'art. 33 de la cout. d'Anjou. Dict. de Droit et de Pratique de FERRIÈRE, doyen des docteurs régents de la Faculté des Droits de Paris, mot Chasse. GODEFROY, comment. sur la Cout. de Normandie, art. 36, p. 213, Edit. de 1626 ; Dictionnaire général de Police administrative et judiciaire, par LÉOPOLD, docteur en droit de la Faculté de Paris et avocat, mot Chasse. *Junge :* Arrêt du 17 mars 1573 du Parlement du Bourbonnais ; CHOPPIN, liv. 3 de privil. rust. p. 3, ch. 12, num. 4 ; BACQUET, des droits de justice, ch. dernier où BELUT indique plusieurs auteurs qui ont traité la question ; TRONÇON, sur la Cout. de Paris, art. 69 fine ; Instit. de rer. divis. CUJAC, liv. 4, observ. cap. 2, Inf. M, Sum. 17.

Cependant en France le législateur a dû pour des raisons sérieuses devoir réglementer l'exer--cice de ce droit par la loi de 1844.

2. Ceci m'amène à examiner la question de

savoir *à qui appartient le droit de chasse ?
Est-ce au propriétaire ou au fermier ?*

Il y a 4 systèmes en présence quand le bail
n'en parle pas, savoir : 1° Le droit appartient
au propriétaire ; — 2° Il est au fermier seul ;
— 3° Il est au propriétaire et au fermier con-
curremment ; — 4° Il appartient à l'un ou à
l'autre suivant des distinctions.

Je n'examinerai pas ces divers systèmes. Je
ne citerai pas les autorités sur lesquelles ils
s'appuient. Je me borne à ce sujet à renvoyer
à l'ouvrage de GIREAUDEAU et LELIÉVRE sur la
Chasse, n°s 29 et s. Seulement, suivant moi, le
droit de chasse appartient au propriétaire.
J'appuie mon opinion sur les art. 1 § 2, 2, 11
§ 3 et 26 § 2 de la loi du 3 mai 1844.

Cette doctrine est celle de la cour de Cassation et de nombreuses autorités. V. entr'autres:
Cass. 4 juillet 1845 et 5 avril 1866 ; Riom 21
décembre 1864 ; Caen 6 décembre 1871 ;

DALLOZ, n° 49 ; FOUCART, Droit pub. T 1 n° 301.

Elle me paraît d'autant plus devoir être admise
qu'autrefois la chasse était regardée comme une
suite et un attribut essentiel de la propriété.
DENISART, Collect. de décisions nouv. mot
Chasse, n° 2.

Tel était aussi l'ancien droit en Bretagne ; art. 390 et 391 de la Cout.

Hévin, quest. féod. p. 174.

C'était encore la règle dans le droit Coutumier; Loisel, liv. 2, tit. 2, art. 11

Attitude.

3. L'attitude de chasse constitue-t-elle à elle seule un délit de chasse?

Je ne le pense pas. Il faut en outre pour qu'il y ait délit, essai de prendre un gibier, en un mot fait de chasse. Art. 11, L. du 3 mai 1844. Conf. Angers, 2 févr. 1880.

Auxiliaires : Traque, Bâton, Bruit.

4. L'emploi d'auxiliaires est-il permis à la chasse?

La loi ne l'interdisant pas il est évident qu'on peut s'en servir.

Telle est aussi la doctrine admise par la Cour de Cassation, arrêts des 29 novembre 1845, 14 avril 1848. Voir aussi : Orléans 15 mai 1851, Rouen 10 juin 1865, circul du min. du 22 juillet 1851 ; Rogron, Code de la Chasse append. p. 541.

Mais les auxiliaires doivent se borner à aider et à soigner la chasse d'un autre ; sans cela il y aurait délit de chasse de leurs parts. Toulouse 8 janv. 1846 ; Bordeaux 20 décembre 1865 ; Gireaudeau et Lelièvre, n° 416.

Aussi la traque étant un acte de chasse devient un délit lorsqu'elle est pratiquée sur le terrain d'autrui sans le consentement du propriétaire. Cass. 10 novembre 1864 ; Cass. Crim. 15 décembre 1870 ; Cass. ch. réun. 16 janv. 1872 ; Lyon 28 mars 1865 ; Chambéry 17 novembre 1881.

5. Les auxiliaires peuvent-ils sans délit employer des cors, des fouets, des bâtons ?

Ils ne le peuvent pas. Voir à ce sujet, décisions des trib. de Valenciennes du 9 octobre 1844 ; de Bordeaux du 4 fév. 1848 ; d'Epinal du 3 octobre 1862 ; Arr. d'Orléans du 12 mai 1846 ; Cass. 18 juin 1846 ; Gireaudeau et Lelièvre, n°s 41, 46, 57, 419 ; Gillon et Villepin, n° 3 et 2e supplém. p 10 ; Petit t. 1, p. 1 et suiv.

La chasse ayant pour but de prendre le gibier, et sa capture à l'aide des seuls objets ci-dessus me paraissant très difficile, sinon impossible, je trouve les décisions précédentes sévères. Cependant, comme elles sont dans l'esprit de la loi je crois qu'on doit les suivre.

Bonne Foi.

6. La bonne foi est-elle une excuse en fait de chasse?

On ne peut admettre la bonne foi comme excuse en cette matière. Les explications du rapporteur de la loi de 1844 s'y opposent.

La jurisprudence de la Cour de Cassation est formelle sur ce point. On peut voir à ce sujet les arrêts de cette Cour des 16 juin, 14 juillet 1848, 17 juillet 1857, 21 juillet 1865, 6 décembre 1867 et 15 décembre 1870. C'est aussi l'opinion de GIREAUDEAU et LELIÈVRE, n° 617, qui regrettent cette rigueur tout en la croyant juridique.

Il serait à souhaiter en effet que la bonne foi soit une excuse en cette matière.

Chasse à l'affût

7. Elle est permise de jour. La doctrine est unanime sur ce point. GIREAUDEAU et LELIÈVRE, N° 504, TÉCHENEY, guide du chasseur devant la loi, p. 125. Cette opinion n'est pas discutable.

Chasse de jour

8. Qu'entend-on par jour en fait de chasse? Une controverse existe à ce sujet.

Les uns appellent jour le temps qui s'écoule du lever au coucher du soleil.

Les autres fixent le jour d'après l'art. 1037 du code de procédure.

Enfin d'autres établissent le jour depuis le commencement de l'aurore ju'squ'à la fin du crépuscule.

Je n'examinerai pas ces diverses opinions.

La loi de 1844 ne dit pas ce qu'elle entend par jour : dès lors cette question est laissée à l'appréciation des Tribunaux. Elle a été parfaitement élucidée par GIREAUDEAU et LELIÈVRE, Nᵒˢ 521 à 524. Ils adoptent la dernière opinion qui est celle de la cour de Douai, arrêt du 9 Novembre 1847 et de la cour de Paris, arrêt du 27 Novembre 1856, de Nîmes 17 Mars 1829 et Lyon 24 Janvier 1861. La plupart des auteurs admettent aussi cette opinion. Voir notamment DALLOZ, Nᵒ 177 ; BERRIAT p. 87 ; CHARDON p. 83 ; LAVALLÉE et BERTRAND p. 85 ; PERRÈVE p. 301 et PETIT T. 1. p. 34.

GIREAUDEAU et LELIÈVRE trouvent cependant que le principe qui sert de base à l'arrêt de Lyon est trop absolu et trop mathématique.

Cette opinion de GIREAUDEAU et LELIÈVRE

me paraît d'autant plus exacte que si l'on s'attache à des principes scientifiques pour déterminer ce qu'on entend par jour, il n'y aurait plus de délit de chasse commis la nuit, car le jour astronomique, qui devrait alors servir de base, est de 24 heures et commence à midi pour finir à midi; vingt quatre heures après. Or la commission nommée pour examiner la loi de 1844 a entendu prohiber d'une manière absolue la chasse de nuit, mais elle a compris que très souvent la chasse avait lieu dans un temps très rapproché de la nuit, soit le matin, soit le soir, mais qui n'est pas la nuit. Vouloir aller plus avant et définir ce qu'est la nuit a paru impossible à la commission. Elle a cru qu'il fallait, en posant le principe de l'interdiction de la chasse la nuit, laisser les appréciations de fait aux tribunaux. Par suite, dans les questions de chasse, l'appréciation d'un délit commis la nuit doit être abandonnée aux Tribunaux qui, d'après la commission, considéreront le mot nuit comme le temps le plus restreint possible.

Colportage

9. *Le transport du gibier est-il prohibé en temps de neige ?*

La loi ne le défendant pas il est évidemment

permis. Telle est la jurisprudence. Cass. 22 mars 1845 ; 18 avril 1845 ; Rennes 6 mars 1850 ; Bourges 13 février 1868. Gireaudeau et Lelièvre, N° 311.

Complicité

10. Les principes sur la complicité doivent-ils être admis en fait de chasse ?

Cette question est controversée.

L'affirmative est décidée par la Cour de Cassation, arrêts des 6 décembre 1839 ; 15 décembre 1870 ; 16 janvier 1872. Cham. réunies et par les Cours de Paris 8 février 1862, Lyon arrêt du 28 mars 1865 ; Rouen 9 Juin 1871.

Gireaudeau et Lelièvre admettent cette doctrine N° 113, ainsi que Neyremand quest. sur la chasse p. 140 et s., Berriat S. Prix p. 237, Perève p. 347, Gillon et Villepin man. de la chasse, N° 244.

La doctrine contraire est soutenue par la cour de Dijon arrêt du 28 Novembre 1845 et par Rogron art. 12 p. 186 et aussi par Petit traité comp. du droit de chasse t. 2 p. 208.

Nonobstant les autorités qui admettent la complicité en cette matière, je crois devoir adopter l'opinion contraire pour les motifs suivants : c'est que sous l'empire de la loi du 30 avril 1790 et du décret du 4 mai 1812, les principes sur la complicité étaient appliqués, et que ces lois sont formellement abrogées par l'art. 31 de la loi de 1844. On n'en saurait douter d'après l'art. 2 de la loi de 1790. En outre le délit de chasse est personnel et non réel; il y a autant de délits que de délinquants. Cass. 17 juillet 1823.

De plus les permis de chasse sont personnels, art. 5 de la loi de 1844. Aussi une personne ayant un permis de chasse, qui se livre à la chasse avec une autre n'en ayant pas, ne peut être poursuivie qu'autant qu'elle commettrait elle-même un délit, parce que les dispositions pénales ne s'étendent point d'un cas ni d'une personne à l'autre. POULLAIN DUPARC appendice Ch. 2. des règles. § 1 N° 27 principes du droit français, T. 3.

Enfin si quelque doute pouvait exister à ce sujet il faudrait se rappeler 1° que la loi ne punit qu'avec répugnance ;

POULLAIN DUPARC append. Ch 2. des règles, § 2, N° 37 principes du droit français, T. 3.

2° Qu'en toute disposition pénale on doit admettre l'interprétation la plus douce, CHAUVEAU sur CARRÉ introd. génér. à la proc. Civ. L. 9 et 155 § 2 de reg. juris. D. L. 42, *de pœnis* D.

3° Que dans l'incertitude l'Interprétation se fait en faveur du défendeur contre le demandeur. L. 125 de reg. juris. D.

Droit de suite

11. Ce droit qui existait autrefois dans une certaine limite (art. 26 Tit. 30, Ord. des Eaux et forêts ; Loisel Instit. cout. liv. 2 Tit. 2 art. 51) a été supprimé, et le passage des chiens sur le terrain d'autrui est laissé à l'appréciation des Tribunaux qui peuvent considérer ce fait comme un délit. art 11. L. de 1844. Cass. 15 décembre 1866 ; Cass. 26 Janvier 1870.

Avec Gireaudeau et Lelièvre, N° 657, j'adhère aux critiques contre l'abolition du droit de suite. Je crois même qu'il est très difficile d'empêcher les chiens de suivre un gibier, et suis porté à considérer cette législation comme la négation de la chasse à courre, la seule qui fut autrefois permise en France, (art. 16 tit. 30 de l'ordonnance des eaux et forêts de 1669). Toutefois, comme ces auteurs, je pense qu'on doit respecter la loi en attendant son abrogation.

Droit sur le gibier

12. *A qui appartient le gibier poursuivi ?*

Sur cette question controversée la majorité des autorités refuse toute préférence au 1er chasseur, l'occupation du gibier ne résultant pas de la poursuite par le chasseur ou par les chiens, ni même d'une blessure légère, parce que cela n'empêche pas le gibier de se sauver, et de gagner une propriété où l'on n'a pas le droit de chasse, Cass. 29 avril 1862 : Libourne 10 juillet 1861 ; DALLOZ, N° 173 ; DÉMOLOMBE Tom. 13, N° 25, PERRÈVE, N° 298 ; POTHIER, N° 26 ; TOULLIER T. 4, N° 7 ; PUFFENDORF, liv. 4. Ch. 6, N° 10 ; ROGRON, p. 25.

GIREAUDEAU et LELIÈVRE qui parlent de cette controverse, N°s 1038 et 1039 n'admettent pas cette 1re opinion, et accordent un droit de préférence au 1er chasseur si le gibier e st poursuivi par des chiens courants. Ils invoquent à l'appui de leur opinion l'ancien droit, l'équité et l'usage le plus constant. Ils disent en outre que nos codes ne contiennent pas un seul texte pouvant servir d'appui à la thèse contraire. Ils citent comme soutenant cette doctrine les jugements de la justice de paix de Schirmeck (Vosges) du 10 Octobre 1859 ; de Coutras du 24 Avril 1862 cassé par l'arrêt du 29 avril 1862 ci-dessus ; de Calais de janv. 1865 ; de Buxy du 3 mars 1866.

Le journal des chasseurs t. 31 p. 132 ; LAVALLÉE p. 15 ; SOREL, N°s 45 et 47 ; VILLEQUEZ p. 187 ; la loi salique etc.

Je crois devoir adopter l'opinion de Mrs GIREAUDEAU et LELIÈVRE, par ce qu'admettre l'opinion contraire c'est autoriser les tiers à se servir des chiens d'un autre sans son consentement, ce qui ne doit pas être.

13. Le chasseur qui survient peut-il tirer à l'arrêt du chien d'un autre ?

Non d'après GIREAUDEAU et LELIÈVRE N° 1042.

L'opinion contraire est soutenue par les autorités citées sur la question précédente, et spécialement par NEYRÉMAND p. 37.

Par le motif donné sur la question ci-dessus je crois devoir admettre la 1re doctrine.

14. Peut-on pénétrer sur le terrain d'autrui pour y prendre un gibier tué ou mortellement blessé ?

Non, d'après GIREAUDEAU et LELIÈVRE N° 1027. Ils paraissent avoir une opinion contraire au N° 162.

La Cour de cassation, arrêts des 28 août 1868 et 23 juillet 1869, ne voit pas de délit de chasse dans ce fait.

La doctrine de la Cour me paraît évidente la mort de l'animal terminant la chasse.

Durée du permis

15. Quand expire le permis ?

Le jour de la délivrance n'est pas compris dans l'année. Toulouse 21 janvier 1864 ; Pau 15 Décembre 1859 ; Nîmes 1er Décembre 1864 ; Montpellier 24 Janvier 1865; Nancy 17 Novembre 1868 ; Paris 12 Octobre 1876 ; Berriat p. 49 ; Jullemier t. 2 p. 41 ; Leblond No 95 ; Viel p. 11, Cass 22 mars 1850.

La jurisprudence est constante sur ce point.

Gireaudeau et Lelièvre No 430, et les nombreuses autorités, qu'ils citent sous ce No 430, admettent cette doctrine qui me paraît devoir être suivie.

Engins prohibés

16 Les engins prohibés sont ceux qui détruisent par eux-mêmes le gibier.

Cass. 30 mai 1845 ; 25 mars 1846 Ch. réu. ; 4 avril 1846 ; 4 mai 1848 ; 16 juin 1866 ; Dalloz Nos 181, 182 ; Petit T. 1 p. 531 ; Gillon et Villepin Nos 179 et s. ; Gireaudeau et Lelièvre Nos 688, 689.

17. L'appeau, l'appelant ou la chanterelle sont-ils des engins prohibés ?

Ils forment un mode de chasse défendu,

mais ne sont pas des engins prohibés. C'est ce que décident la Cour de Cassation 23 Avril 1847 Cham. réunies ; 16 Juin 1866 ; Paris 11 Juil. 1866 ; trib. de Reims 29 Septembre 1866 ; Amiens 27 Mai 1853 ; Paris 3 Avril 1851 ; Montpellier 28 Janv. 1867 ; Gireaudeau et Lelièvre N° 691.

L'opinion contraire est soutenue par la Cour de Limoges 26 Janv. 1858 ; Orléans 9 mai 1859 ; Cival N° 9 ; Desjardins revue critique t. 19 p. 352 ; Gillon et Villepin N° 328 ; Dalloz note sur l'arrêt du 27 mai 1853 de la Cour d'Amiens, et celle du Palais sur les arrêts de Limoges et d'Orléans ci-dessus cités ; Gireaudeau et Lelièvre N° 692.

La 1re opinion me paraît devoir être suivie d'après l'art. 12 §§ 3 et 6 de la loi de 1844.

Excuse

18. La méprise est-elle une excuse en fait de chasse ?

La jurisprudence et la doctrine l'admettent. Cass. 9 décembre 1859 ; 16 Novembre 1866 ; Orléans 12 Décembre 1865 ; Douai 1er Mars 1869 ; Dalloz N° 187 ; Gillon et Villepin N° 182 ; Gireaudeau et Lelièvre N° 622.

Cette doctrine doit être suivie.

Il en est autrement de la bonne foi.

Cass. 6 Décembre 1867.

Faits de chasse

19. Il y a fait de chasse dès qu'on se livre à la recherche ou à la poursuite de tout animal sauvage ou de tout oiseau, quels que soient les moyens et procédés employés: armes, fusils de toute espèce, pistolets, arbalètes, frondes, bâtons, pièges, filets, etc.

Telle est l'opinion des auteurs qui ont écrit sur la chasse et spécialement GILLON et VILLEPIN N° 3 ; PETIT T. 1 p. 1 et suiv.; GIREAUDEAU et LELIÈVRE N° 41.

C'est aussi ce que décident la Cour de Cassation 6 mars 1857 ; Dijon 28 Novembre 1845 ; Epinal (trib.) 3 Octobre 1862, et GIREAUDEAU et LELIÈVRE N°ˢ 43, 45. 46, 47.

La Cour de Bordeaux 20 Mars 1844 n'admet pas le fait de chasse lorsque l'acte est spontané. GIREAUDEAU et LELIÈVRE N° 44 ;

Cette dernière opinion doit être rejetée.

Les actes préparatoires de chasse ne sont pas en général suffisants pour constituer le délit.

CHAMPIONNIÈRE, p. 84 ; DALLOZ N° 34 ; GIREAUDEAU et LELIÈVRE N° 48.

Les Cours de Cassation 16 Juin 1866 ; Paris 31 Mars 1865 admettent cette opinion, ainsi que celle de Toulouse 14 Janv. 1864 : GIREAUDEAU et LELIÈVRE N°ˢ 51 et 53.

Cette doctrine est exacte.

20. *La quête ou la poursuite du gibier avec un chien est-elle un fait de chasse ?*

Oui d'après la cour de Cassation 6 Juil. 1854 ; Colmar 26 Avril 1864 ; Rouen 10 Avril 1845 ; Dijon 4 Juil. 1858 ; GIREAUDEAU et LELIÈVRE Nᵒˢ 54, 55, 56.

Cass. 26 Janv. 1826 ; 10 Octobre 1828 ; 25 Septembre 1840 ; 18 Mars 1853 ; Rouen 17 Juin 1831 et 12 Janv. 1843 ; GIREAUDEAU et LELIÈVRE Nᵒ 67.

Cass. 17 Févr. 1853 ; Colmar 31 décembre 1858 ; GILLON et VILLEPIN Nᵒ 3 ; GIREAUDEAU et LELIÈVRE Nᵒ 75.

Le contraire a été décidé par les Cours de Nancy 7 décembre 1844 ; Douai 20 octobre 1852 et 28 décembre 1852 ; Pau 22 août 1857 ; NEYREMAND p. 54 et 55 ; v GIREAUDEAU et LELIÈVRE Nᵒˢ 76, 78.

Ces derniers auteurs adoptent la 1ʳᵉ opinion au Nᵒ 77 de leur ouvrage.

La loi ne définit pas le fait de chasse. Cette question est par suite laissée à l'appréciation des tribunaux, mais, pour la trancher, ils doivent, ce me semble, s'inspirer des idées émises par M. le rapporteur de la loi de 1844. Or d'après lui il faut qu'il y ait volonté de chasser pour qu'il y ait délit de chasse. C'est ce qui me paraît résulter des explications données par lui sur l'art. 11 : « Dans cet examen, dit-il, le juge » recherchera si le fait a été le résultat de la » volonté de celui auquel il sera imputé, mais il ne » recherchera pas s'il y a eu intention de » commettre ou de ne pas commettre un délit. » C'est en ce sens que le fait seul constitue la » contravention. »

Fruits non récoltés

21. *La pénalité est-elle encourue par le seul fait que l'on a chassé sur le terrain d'autrui non dépouillé de sa récolte, ou bien le chasseur peut-il être excusé en justifiant qu'il n'a causé aucun dommage, et qu'il s'est borné à chasser le long des sentiers ?*

La peine est applicable, mais elle peut n'être que de l'amende simple, les juges ayant la faculté de ne prononcer que cette peine. J'adopte à ce sujet cette doctrine de GIREAUDEAU et LELIÈVRE N° 654 qui sont en désaccord avec ROGRON p. 158 et DALLOZ N° 249; v. GIREAUDEAU et LELIÈVRE 653. v. art. 11 § 4, L. de 1844.

Gibier

22. *Y a-t-il délit de chasse à se faire rendre un gibier pris par un autre sur la poursuite qu'en a fait votre chien à votre insu ? Quid si le gibier avait été tué ou abandonné par un chasseur ?*

Dans le 1ᵉʳ cas, il y a délit de chasse, d'après le tribunal correctionnel de Nevers du mois d'octobre 1867. GIREAUDEAU et LELIÈVRE N° 81.

Ces auteurs n'admettent pas cette opinion, Nᵒˢ 82, 83. Conf. trib. correc. Loudun 13 mai 1881. L'opinion de GIREAUDEAU et LELIÈVRE me paraît tout à fait juste. La loi ne définit pas le fait de chasse, mais il est évident qu'il consiste dans la quête ou la poursuite d'un gibier, et par suite la prise ou la mort du gibier met fin à la chasse.

Dans le 2ᵉ cas il n'y a pas non plus fait de chasse dans l'enlèvement d'un gibier tué, abandonné ou perdu par un chasseur, malgré l'avis de NEYREMAND, p. 43.

GIREAUDEAU et LELIÈVRE le décident de même, N° 84 : ils ne voient pas fait de chasse dans cet enlèvement. TÉCHENEY, p. 183, adopte leur avis. Conf. trib. cor. Loudun 26 août 1882 ; Rouen 12 novembre 1880. Cette doctrine est exacte.

23. *Y a-t-il délit de chasse à aller s'emparer sur le terrain d'autrui d'un gibier sur ses fins?*

VILLEQUEZ ne le pense pas, p. 39. GIREAUDEAU et LELIÈVRE sont de son avis, N° 165 : ils assimilent cette espèce à celle où le gibier est mortellement blessé (Cass. 28 août 1868 et 23 juillet 1869.) Cass. 30 janv. 1879 Sol. impl.

Cette opinion doit être suivie, celle contraire serait trop rigoureuse. Conf. trib. cor. Loudun 13 mai 1881.

23 *bis. Si, après avoir levé des perdrix, on les tire au-dessus d'un champ où l'on n'a pas le droit de chasse, y a-t-il délit ?*

GIREAUDEAU et LELIÈVRE, N° 166, ne le croient pas.

Leur opinion me paraît juste, car absolument parlant on ne peut pas dire qu'on ait chassé sur le terrain d'autrui.

Gibier d'Eau

24. D'après une circulaire du ministre de l'Intérieur du 9 juillet 1861 les préfets n'ont pas le droit de déterminer quels sont les oiseaux formant le gibier d'eau.

Où s'exerce la chasse ?

Les préfets indiquent qu'elle se fera seulement en bateau ; d'autres la permettent sur une bande de terrain le long des bords.

GIREAUDEAU et LELIÈVRE pensent que les préfets n'ont pas qualité pour régler ces points, et que les chasseurs ne doivent pas s'écarter des rives des marais, étangs, fleuves et rivières. GIREAUDEAU et LELIÈVRE, traité de la chasse, N° 545. CHARDON p. 92 ; de NEYREMAND p. 112 ; PETIT, t. 1er p. 372. V. aussi arrêt de la cour de Colmar du 22 mai 1866.

Cette doctrine me paraît conforme à l'art. 9 de la loi de 1844, mais elle ne doit pas être exagérée, car dès lors que la loi permet la chasse au gibier d'eau, elle veut que ce genre de chasse soit possible, ce qui, en suivant la doctrine précitée, ne saurait toujours avoir lieu sur tout le parcours des rives, à cause des obstacles que le chasseur rencontre. Aussi la question de savoir s'il y aurait délit de la part du chasseur, qui se serait écarté à telle ou telle distance des bords des fleuves, rivières, étangs et marais, est laissée à l'appréciation des tribunaux.

Intention

25. *La personne qui prend du gibier pour le repeuplement ou dans un but scientifique est-elle censée se livrer à l'exercice de la chasse ?*

Elle devrait être condamnée ainsi que l'a jugé la cour de Dijon le 28 novembre 1845. C'est aussi l'opinion de Gireaudeau et Lelièvre, Nº 43. V. encore arr. du 6 mars 1857, Cass. Crim. Cela ne peut faire doute, la commission ayant entendu appliquer la nécessité du permis à tous les modes de chasse, à la chasse de quelque manière qu'elle se fasse. V. supr. faits de chasse et art. 1er de la loi de 1844.

26. *L'intention est-elle une excuse ?*

La cour de Cassation ne l'admet pas, d'après l'arrêt du 6 mars 1857 précité. Le simple fait de chasse suffit pour qu'il y ait délit, lors même qu'il aurait lieu dans l'intérieur d'une ville, mais il faut qu'il y ait eu volonté de chasser. Cass. 6 mars 1857 et 9 novembre 1859; Cass. 12 avril 1845 ; 17 juil.

1857; 6 décembre 1867; Rouen (2 arr.) 4 décembre 1873; Paris 6 décembre 1873; Grenoble 25 mai 1878.

Cette doctrine qui est soutenue par GIREAUDEAU et LELIÈVRE, traité de la chasse, Nº 622, me paraît conforme à l'esprit de la loi de 1844, l'opinion de la commission sur l'article 11 de la loi de 1844 étant que l'intention ne peut être présentée comme une excuse.

Neige

27. *Que faut-il entendre par temps de neige?*

On doit, ce me semble, entendre par temps de neige celui où la terre est suffisamment couverte pour que l'on puisse suivre la trace du gibier. Telle est la doctrine suivie par la cour de Cassation arr. du 4 mai 1848 ; Rouen 22 mars 1880.

GIREAUDEAU et LELIÈVRE, de la chasse, Nº 604, laissent cette question à l'appréciation des tribunaux. Conf. Douai 10 mai 1853. Rien dans la loi de 1844 ne tranche cette question. Elle est donc laissée à l'appréciation des tribunaux, seulement ils doivent s'inspirer dans cette appréciation de l'esprit général de la loi, car cet esprit influe nécessairement sur tout ce qui n'a pas été prévu ou suffisamment expliqué par le rédacteur. (POULLAIN DUPARC prin. du droit français, app. ch. 2 des règles, § 1, Nº 11, t. 3

La loi de 1844 ayant eu surtout pour objet de prévenir les abus de la chasse, les tribunaux dans son application devront s'inspirer de son esprit, et ne pas se montrer trop sévères dans le cas où ils jugeraient qu'il y a eu chasse en temps de neige, d'autant plus que la défense de chasse en temps de neige est une restriction à la liberté naturelle qui admet la chasse à ce moment.

Passage

28. *Le chasseur qui, en traversant le terrain d'autrui a négligé de museler ou de coupler ses chiens, commet-il un délit de chasse ?*

La Cour de Cassation par arrêt du 26 juil. 1860 a tranché la question négativement. V. A. Cass. 30 novembre 1860.

Cette opinion de la Cour de Cassation me paraît conforme à l'article 11 de la loi de 1844.

Sorel, N° 27 ; Villequez, p. 32 et suivantes. Gireaudeau et Lelièvre, N° 661, penchent aussi vers cette doctrine, bien qu'il y ait une légère différence dans l'exposition de fait. Il n'y a délit, d'après eux, que si le chasseur fait acte de chasse. Il est évident que la loi ne punit que les actes de chasse prohibés, et on ne peut pas dire qu'il y ait fait de chasse dans l'espèce dont s'agit.

Cette jurisprudence était aussi suivie autrefois par le parlement de Bretagne en ce qu'il autorisait le passage sur le terrain d'un seigneur sur les terres duquel on n'avait pas le droit de chasse. V. arr. du 26 avril 1765.

En droit strict, il y aurait lieu à une demande de

dommages et intérêts, mais il serait bien sévère de la former.

Prescription

29. *La prescription en matière de chasse est-elle d'ordre public ?*

La prescription en matière criminelle est d'ordre public, et doit être suppléée d'office même par la cour de Cassation. Crim. Cass. 9 janv. 1807, 28 janv. 1808 et 12 août 1808, Cass. 26 févr. 1807, Orléans 11 févr. 1850. BERRIAT DE S. PRIX, Cours de dr. crim. p. 74. C'est aussi l'opinion de GIREAUDEAU et LELIÈVRE N° 972 de la Chasse. Cela ne fait pas de doute.

30. *La prescription se compte-t-elle de quantième à quantième ou par le laps de trois fois trente jours ?*

Elle se compte de quantième à quantième. Cass. 27 fév. 1811, Nancy 28 janv. 1846 (LHOTE).

GIREAUDEAU et LELIÈVRE N° 972 admettent cette solution, et TÉCHENEY guide du chasseur devant la loi, p. 224. Cette opinion est exacte.

31. *Le jour du délit doit-il être compris dans le délai de trois mois ?*

Non d'après arrêts de la Cour de Cassation cham. crim. 10 janv. 1845, 2 fév. 1865 (ROMANG); 20 décembre 1852, Nancy (PARMENTIER); GIREAUDEAU et LELIÈVRE N° 972.

Les solutions précédentes sur la Prescription me

paraissent devoir être suivies nonobstant l'opinion contraire des Cours de Cass. 7 avril 1837 ; Paris 8 fév. 1843 ; Grenoble 13 janv. 1859 et de M. Cousturier Presc. Crim., N° 100, qu'on trouve traité de la Pres. Crim. par Brun de Villerét, N°ˢ 122 et suiv.

L'art. 29 de la loi de 1844 est formel, et doit être appliqué malgré sa rigueur.

On peut voir au surplus les nombreuses autorités citées par Gireaudeau et Lelièvre sur ces questions N° 972 de la chasse.

32. *Pour que la prescription soit interrompue suffit-il que des poursuites soient exercées dans le délai de trois mois ?*

Les arrêts suivants décident l'affirmative: Cass. 15 avril 1826,26 juin 1840,7 septembre 1849,2 mars 1854 ; Cass. 3 avril 1862 ; 14 avril 1864 ; Amiens 7 mars 1872 ; Dijon 31 décembre 1872 ; Leblond N° 371 ; Paris 7 Novembre 1842 ; Rouen 28 fév. 1845 ; Gireaudeau et Lelièvre adoptent cette doctrine N° 974, qui doit être admise.

33. *Quel est le délai de la prescription quand des actes de poursuite l'ont interrompue ?*

Ce délai est de trois ans d'après la cour de Cass. arr. des 26 Juin 1841, 16 juin 1865 et 17 mars 1866 ; Cass. 13 avril 1883 ; Berriat p. 250 ; Duvergier p. 168. Jullemier T. 2 p. 144 ; Leblond N° 372 ; Gireaudeau et Lelièvre N° 981.

Cette solution ne me paraît pas devoir faire de doute.

34. *Dans quel délai se prescrit l'action civile à raison d'un délit de chasse ?*

Dans le même délai que l'action publique. GIREAUDEAU et LELIÈVRE N° 984 ; ORTOLAN, résumé des élém^ts de droit pénal N° 956. J'admets sans difficulté cette doctrine, qui, d'après ORTOLAN, n'était pas suivie autrefois à Rome ni en Europe.

Recherche du Gibier

35. *Les perquisitions pourraient-elles se faire en dehors du domicile sur la personne même des particuliers ou dans des objets dont ils seraient porteurs ? Pourrait-on user de la force pour y arriver ?*

GIREAUDEAU et LELIÈVRE répondent affirmativement à ces questions N° 363 ; BERRIAT p. 42 ; GILLON et VILLEPIN N° 100, qui citent par analogie un arrêt de la cour de Nancy du 17 janv. 1844 et ROGRON p. 77 sont du même avis. Mais on comprend, comme le fait observer très justement M. BERRIAT p. 42, qu'il faudra pour motiver ces visites, de graves présomptions de fraude, ajoutent GIREAUDEAU et LELIÈVRE.

Autrefois un arrêt du Parlement de Paris du 4 octobre 1758 défendait aux gardes chasses de fouiller ni d'arrêter personne sous prétexte du soupçon de braconnage.

La disposition de l'article 4 de la loi de 1844 sur la recherche du gibier fut ajoutée par la chambre des députés pour empêcher les recherches de s'étendre au domicile et jusque sur la table des citoyens. (Demande de **M.** DE GOBERY, député).

D'après cela, je crois que l'opinion des auteurs ci-dessus doit être suivie, tout en regrettant sur ce point qu'il n'y ait pas un retour vers l'ancienne jurisprudence du parlement de Paris, formée sous une législation sévère.

Saisie du Gibier

36. *La seule détention du gibier dans le temps où la chasse n'est pas permise est-elle un délit ?*

M. ROGRON p. 78 le pense ; BERRIAT p. 43, CAMUSAT BUSSEROLLES p. 63, Rép. du palais, N° 311, adoptent cette opinion. V. GIREAUDEAU et LELIÈVRE N° 359.

Ces derniers auteurs sont d'un autre avis ainsi que PETIT t. 1, p. 507. V. GIREAUDEAU et LELIÈVRE, N° 360.

En présence du texte de l'art. 4, je crois devoir admettre la doctrine de ces derniers auteurs. Ce n'est pas en effet la détention, mais la mise en vente, la vente, l'achat, le transport et le colportage du gibier pendant le temps où la chasse n'est pas permise dans un département, qui sont interdits.

Table Alphabétique des Matières

	pages
Loi sur la Chasse	3
Droit de Chasse	18
Attitude	20
Auxiliaires : Traque, bâton, bruit	20
Bonne Foi, Chasse à l'Affût, Chasse de jour	22
Colportage	24
Complicité	25
Droit de Suite, Droit sur le Gibier	27
Durée du Permis, Engins prohibés	30
Excuse	31
Faits de chasse	32
Fruits non récoltés, Gibier	34
Gibier d'eau	36
Intention	37
Neige	38
Passage	39
Prescription	40
Recherche du gibier, fouille	42
Saisie du Gibier	43

TABLE DES QUESTIONS

Droit de chasse, est-il de droit naturel
ou civil ? . . . . nº 1 p. 18

A qui appartient ce droit ? . . . . nº 2 p. 19

L'attitude de chasse est-elle à elle
seul un délit ? . . . . nº 3 p. 20

L'emploi des auxiliaires est-il
permis ? Traque etc. . . . . nº 4 p. 20

Les auxiliaires peuvent-ils employer
des cors etc ? . . . . nº 5 p. 21

La bonne foi est-elle une excuse ? . . nº 6 p 22

La chasse à l'affût est-elle permise ? . nº 7 p. 22

Qu'entend-t-on par jour ? . . . . nº 8 p. 22

Le transport du gibier est-il prohibé
en temps de neige ? . . . . nº 9 p. 24

Les principes de la complicité doivent-
ils être admis en fait de chasse ? . . nº 10 p. 25

Le passage des chiens sur le terrain
d'autrui est-il un délit ? . . . . nº 11 p. 27

A qui appartient le gibier poursuivi ? . nº 12 p. 27

Le chasseur qui survient, peut-il tirer
à l'arrêt du chien d'un autre ? . . . . nº 13 p. 29

Peut-on pénétrer sur le terrain d'au-

trui pour y prendre un gibier
tué ou mortellement blessé ?   n° 14 p. 29

Quand expire le permis ?   n° 15 p. 30

Quels sont les engins prohibés ?   n° 16 p. 30

L'appeau, l'appelant, la chanterelle
sont-ils des engins prohibés ?   n° 17 p. 30

La méprise et la bonne foi sont-elles
des excuses ?   n° 18 p. 31

Quels sont les faits de chasse ?   n° 19 p. 32

La quête ou la poursuite du gibier
avec un chien est-elle un fait
de chasse ?   n° 20 p. 33

La pénalité est-elle encourue par le
seul fait qu'on a chassé sur le
terrain d'autrui non dépouillé de
sa récolte ?   n° 21 p. 34

Y a-t-il délit de chasse à se faire
rendre un gibier pris par un
autre sur la poursuite qu'en a
fait votre chien à votre insu ?   n° 22 p. 34

Quid du gibier tué ou abandonné par
un chasseur ?   n° 22 p. 34

Y a-t-il délit de chasse à aller s'emparer sur le terrain d'autrui d'un
gibier sur ses fins ?   n° 23 p. 35

Si après avoir levé des perdrix on
les tire au-dessus d'un champ où
l'on n'a pas le droit de chasse y

a-t-il délit ? nº 23 *b* p. 36

Les préfets peuvent-ils indiquer quel
est le gibier d'eau ? Où s'exerce
la chasse du gibier d'eau ? nº 24 p. 36

La personne qui prend du gibier pour
le repeuplement ou dans un but
scientifique est-elle censée se
livrer à l'exercice de la chasse ? nº 25 p. 37

L'intention est-elle une excuse ? nº 26 p. 37

Que faut-il entendre par temps de
neige ? nº 27 p. 38

Le chasseur qui, en traversant le
terrain d'autrui, a négligé de
museler ou de coupler ses chiens,
commet-il un délit de chasse ? nº 28 p. 39

La prescription en matière de chasse
est-elle d'ordre public ? nº 29 p. 40

La prescription se compte-t-elle de
quantième à quantième ou par
le laps de trois fois trente jours ? nº 30 p. 40

Le jour de délit doit-il être compris
dans le délai de trois mois ? nº 31 p. 40

Pour que la prescription soit interrompue suffit-il que des poursuites soient exercées dans le
délai de trois mois ? nº 32 p. 41

Quel est le délai de la prescription
quand des actes de poursuites

l'ont interrompue ?   n° 33 p. 41

Dans quel délai se prescrit l'action civile à raison d'un délit de chasse ?   n° 34 p. 42

Les perquisitions pourraient-elles se faire en dehors du domicile sur la personne même des particuliers ou dans des objets dont ils seraient porteurs ? Pourrait-on user de la force pour y arriver ?   n° 35 p. 42

La seule détention du gibier dans le temps où la chasse n'est pas permise est-elle un délit ?   n° 36 p. 43